LE
MARQUIS DE CARABAS,
OU
LE CHAT BOTTÉ *,

FOLIE FÉERIE EN DEUX ACTES, A SPECTACLE, MÊLÉE DE COUPLETS,

PAR

MM. BRAZIER ET SIMONNIN;

Représentée pour la première fois, à Paris, sur le théâtre de la Gaîté,
le 9 mai 1811.

DISTRIBUTION DE LA PIÈCE :

FLONFLON, gouverneur de l'île Joyeuse. . . . . M. Pascal.
LARIRADONDAINE, sa sœur. Mme Joigny.
DIAMANTINE, fille du gouverneur. . . . . Mlle Millot.
BOUTE-EN-TRAIN, ministre du gouverneur. . . . . M. Lafite.
TURLURETTE, suivante de Lariradondaine. . . . . Mlle Leroy.
PIERRE,   ⎫   M. Basnage.
PAUL,   ⎬ trois frères. . . . . M. Camel.
JEAN,   ⎭   M. Dumény.
L'OGRE. . . . . M. Michot.
LE NOTAIRE de l'île Joyeuse. . . . . M. Bon.
Un Domestique. . . . . M. Boulanger.
Un Ane.
Un Chien.
LE CHAT. . . . . Mlle Élisa Jacobs.

La scène se passe dans l'île Joyeuse.

ACTE PREMIER.

Le théâtre représente un village ; à droite est la chaumière de Jean ; à gauche, le moulin de Paul. Le fond
représente une campagne.

SCÈNE I.

PIERRE, seul, suivi de son âne ; il sort d'un hangard.

Allons, Martin, allons au marché... Tu as fait la fortune de feu mon pauvre père, pourquoi ne ferais-tu pas la mienne ?... O le plus estimable des ânes !... ami constant que le sort n'a jamais fait murmurer.

Air : *Femme sensible.*

Ane sensible, appui de mon jeune âge,

Mon père, hélas ! pour calmer mon regret,
En te léguant à moi comme héritage,
De sa bonté m'a laissé le portrait.

SCÈNE II.

PIERRE, PAUL, suivi de son chien ; il sort du moulin.

PAUL chante le refrain :

A quoi sert un moulin pour moudre,
Si l'amour n'apporte son grain ?

Ah ! te voilà, Pierre !

---

* Cette pièce, qui compte plus de trois cents représentations à Paris, a été reprise en 1820, 1828 et 1837, toujours avec le même succès.

PIERRE.

Oui, Paul.

PAUL.

Tu vas au marché... moi, au village prochain.

AIR : Belle meunière.

J'ai quitté gentille fermière,
Dont l'mari s'est laissé mourir;
Au milieu d'cent arpents de terre
Qu'une fleur est belle à cueillir!
Ah! comme j'allons en découdre,
Tour-à-tour, moi z'et mon moulin!
J'allons prendre, afin d'toujours moudre,
La femme, sa terre et son grain.

PIERRE.

A qui dois-tu cette connaissance?

PAUL.

Tu ne t'en douterais jamais : à une bête.

PIERRE.

A ton rival?

PAUL.

Non, à mon chien.

AIR du vaudeville de la Revue de l'an six.

Ce bon chien gardait ses moutons,
Et j'eus le bonheur de lui plaire;
Mais, fidèle à ses affections,
Il me quitta pour la fermière.
D'ses liens j'allais le dégager,
Crac, je fus pris.

PIERRE.

La chose est claire :
Mon ami, c'est l'chien du berger
Qui t'a conduit chez la bergère.

PAUL.

Je ne donnerais pas mon chien pour le chat de ce pauvre Jean... Le voici.

ooooooooooooooooooooooooooooooooooooooooooooooooooooo

SCÈNE III.

LES MÊMES; JEAN, suivi de son chat.

JEAN.

Quel désespoir!
N'avoir qu'un chat pour héritage,
N'avoir qu'l'espoir
D'êtr'griffé du matin au soir!

(Son chat le flatte.)

C'est en vain qu'il me flatte,
J'n'vis pas de ce jeu;
A quoi me sert ta patte?
N'y a pas d'marrons au feu.

TOUS TROIS.

Quel désespoir! etc.

PIERRE.

Tu ne peux pas te consoler, mon pauvre Jean?

JEAN.

Avec qui... avec le minet? (Le chat le caresse.) Ah! laisse-moi donc!

PIERRE.

Donne-lui un coup de pied, et chasse-le.

JEAN.

Pourquoi donc le chasser, ce pauvre animal? il est de la famille.

PAUL.

Eh bien!... (il fait comme s'il tenait un lapin.) et vends sa peau.

JEAN.

Le tuer, moi?... Ce n'est pas sa faute s'il est né chat... Non, je le garderai toujours.

PAUL.

Eh bien, console-toi en lui faisant sa pâtée.

JEAN.

Avec quoi? je n'ai pas seulement de quoi faire la mienne... A-t-on jamais vu laisser à son fils, pour héritage, un chat... rien qu'un chat; à moi qu'il disait aimer le plus!... Je le vois encore dans ses derniers moments, ce bon père, je l'entends dire d'une voix attendrie :

AIR : Femmes, voulez-vous éprouver?

A mon Pierre qui ne sait rien,
Je donn'mon an'pour héritage;
A Paul qui n'sait qu'manger son bien,
Je laiss'mon moulin en partage;
A toi, mon Jean, qui sans état,
Du destin peux craindre l'injure,
Pour ta part je te donn'mon chat :
Ah! rends-en grace à la nature.

PIERRE.

Tu étais le dernier de ses enfants...

JEAN.

On le voit bien...

PAUL.

Que voulais-tu qu'il te donnât?

JEAN.

Son argent.

PIERRE.

Il n'en avait pas.

JEAN.

La moitié du moulin.

PAUL, riant.

Oui, ou la moitié de l'âne, n'est-ce pas?

JEAN.

Riez; cela vous est bien aisé à dire, à vous, qui n'allez manquer de rien. Savez-vous ce que vous auriez dû me dire, en bons frères : Jean, tu es mal partagé, nous ferons bourse commune. Tu paieras en travail ce que tu ne pourras payer en argent, et, tous les trois heureux, vous auriez eu en même temps la richesse du cœur que vous n'aurez jamais.

PIERRE.

Pauvre Jean! tu me pénétres... Adieu.

PAUL.

Tu m'attendris... Bonsoir.

JEAN.

Mes chers frères...

PIERRE.

Il va nous moraliser.

JEAN.

AIR du Ménage de Garçon.

Prends donc pitié de ma détresse,
Ou crains tout de mon désespoir.
Mais non, montre ton droit d'ainesse
En faisant le mieux ton devoir.

Qu'on t'approuve ou qu'on te condamne,
Daigne faire un valet de moi,
Et laisse-moi garder ton âne,
Pour être toujours près de toi.

PIERRE.

Ça commence à me toucher.

JEAN.

Toi, Paul !...

Air : Que d'établissements nouveaux ! (de l'Opéra-
Comique.)

Dans les ailes de ton moulin,
Vois les bras de la Providence
Qui tourn'nt autour de chaque humain,
Et puis lui laissent l'abondance ;
Fais de mêm' quand tu m' vois souffrir,
Et ces ailes, pour récompense,
D'viendront les ailes du plaisir
Qu'fra tourner la reconnaissance.

PIERRE.

Paul, allons-nous-en.

PAUL.

Oui, partons, j' deviendrai tendre comme
Pierre.

JEAN.

Vous ne me répondez rien ?...

PIERRE et PAUL.

Air de Folie et Raison.

Mon ami, dans la vie,
Les besoins font la loi,
Et la philosophie
Est d' travailler pour soi.

JEAN.

Eh bien, puissiez-vous, mauvais frères,
Être dans mon affreux état,
Moi qui n'ai pour ressourc's dernières
Que d' faire un civet de mon chat !

ENSEMBLE.

JEAN.

C'est bien vrai, dans la vie,
Les besoins font la loi,
Et la philosophie
Est d' travailler pour soi.

PIERRE et PAUL.

Mon ami, etc.

SCÈNE IV.

JEAN, LE CHAT.

JEAN.

Joli tête-à-tête !... (Le chat miaule.) Oui, va,
fais des mines, fais le gros dos... tu ne feras pas
le gros ventre.

LE CHAT.

Peut-être.

JEAN.

L'ai-je bien ouï !...

LE CHAT.

Oui !...

JEAN.

Mon chat qui parle !

LE CHAT.

Mieux que toi.

JEAN.

C' n'est pas difficile... Quel miracle ! une bête
parler !...

LE CHAT, riant.

Tu appelles cela un miracle ?...

JEAN.

Il rit... Comme il me regarde ! il a des yeux
qui semblent me dire : Je suis ton ami.

LE CHAT, lui serrant la main.

Oui, je suis ton ami.

JEAN, ému.

Il déclame... Comme il m'a serré la patte avec
sa main ! Mon ami ?

LE CHAT.

A la vie... à la mort.

JEAN.

A la mort... Il le sera long-temps, les chats
ont la vie dure.

LE CHAT.

Que veux-tu ?

JEAN.

Tout, rien que ça...

LE CHAT.

Tu l'auras.

JEAN, sautant.

J'aurai tout... De l'or ?

LE CHAT, lui donnant une bourse.

En voilà.

JEAN.

De quelle poche tire-t-il cela ? C'est de l'or. Il
ne me manque plus que de beaux habits...

LE CHAT, le touchant.

En voilà.

JEAN, en habits brillants.

Ah ! mon Dieu ! est-ce bien moi ?

LE CHAT.

Que te faut-il encore ?

JEAN.

Mais... (A part.) Tiens, demandons ; au prix
coûtant, je puis me régaler. Mais, mon petit
chat, avec de l'or et de si beaux habits, il me
faut au moins de quoi me mettre à l'abri des
injures du temps.

LE CHAT.

Une maison... regarde.

JEAN, voyant une maison.

C'est-y possible ! Ma chaumière changée en
palais !... Les beaux meubles !... Tiens, voilà mon
chapeau... Ah ! mon petit minet ! que je t'embrasse... Mon père avait bien raison. (Enchanté.)
Ah ! Jean, rends grace à la nature.

LE CHAT.

Que souhaites-tu à tes frères ?

JEAN.

Les mauvais cœurs ! je leur souhaite tout le
mal possible... à Paul, que son moulin se brise ;
à Pierre, que son âne se sauve.

LE CHAT.

C'est fait.

(Le moulin est brisé, l'on voit l'âne se sauver.)

JEAN.

Ah! mon Dieu!... j'en suis fâché...

LE CHAT.

C'est bien.

(Le moulin se relève et l'âne est rattrapé.)

JEAN.

La... ce chat est une fée! une fée à senti-
ments... une fée morale... Madame... (Le chat
sourit.) Il sourit... mon chat sourit!

LE CHAT.

Tu n'as plus besoin de rien?

JEAN.

Je crois bien que vous pouvez vous reposer.
Mais dites-moi donc pourquoi vous n'avez pas
parlé à mon père...

LE CHAT.

Il fallait, pour avoir la puissance que j'ai,
que je tombasse en partage à quelque honnête
héritier qui daignât me garder.

JEAN.

Je te garderai... A propos, mon petit minet,
depuis que je suis un homme comme il faut,
comment me nomme-t-on?

LE CHAT.

Jean.

JEAN.

Permettez; à présent que je suis calé, y m' faut
un nom solide.

LE CHAT.

Eh bien! tu te nommeras...

JEAN.

Je me nommerai?...

LE CHAT.

Le marquis de Carabas...

JEAN.

Le marquis de Carabas! ô le beau nom!

LE CHAT.

Es-tu content?

JEAN.

Je serais bien difficile.

LE CHAT.

Il ne te manque rien?...

JEAN.

J'ai de quoi boire, manger, dormir... j'ai tout
ce qu'il me faut.

LE CHAT.

Le cœur n'éprouve aucun desir?...

JEAN.

Tiens... j'oubliais une femme... C'est pourtant
un objet de première nécessité...Ah! une femme,
mon petit minet... une femme.

LE CHAT.

Comment la veux-tu?

JEAN.

Comment je la veux?... C'est bien aisé à dire.

AIR du vaudeville du Fou supposé.

Je veux un' fille de quinze ans,
Novice, sur-tout très jolie,
Et mariant de temps en temps
A la raison un grain d' folie;
Je veux que c't objet plein d'attraits,
Pour son époux seul'ment sensible,

Ne mente et ne trompe jamais.
(Il regarde autour de lui si elle vient.)
Je vois que j' demand' l'impossible.

LE CHAT.

Continue...

JEAN.

Soyons moins exigeant.

Même air.

D'une Italienn' qu'elle ait l'ardeur,
D'une Allemande la tendresse,
D'une Anglaise l'air de langueur,
D'une Espagnole la faiblesse;
Que pour le meilleur des maris,
En apparence au moins docile,
Elle soit sag' comme à Paris...
Ah! la chos' n'est pas difficile.

(On entend un bruit de chasse.)

LE CHAT.

Tu es plus raisonnable. Les dames à la suite
du gouverneur Flonflon...

JEAN.

Tiens, le gouverneur Flonflon?

LE CHAT.

Vont passer par ici, choisis parmi elles.

JEAN.

Que de dames... que de dames! Dis donc,
minet, sont-ce des demoiselles, ces dames-là?...
Tu ne dis rien... Personne ne peut répondre de
ça. Regardons de tous mes yeux. Où vas-tu
pendant ce temps-là, mon petit chat?

LE CHAT.

Sur la gouttière.

(Il grimpe après la maison et va se mettre sur la gouttière.)

SCÈNE V.

LES MÊMES, LARIRADONDAINE, DIAMAN-
TINE, TURLURETTE et FEMMES DE LA
SUITE.

(Les dames de la suite passent et le saluent.)

JEAN.

Elles sont gentilles, mais je ne les crois pas
novices.

(Lariradondaine et Turlurette viennent ensuite.)

JEAN.

O la respectable femme! je suivrais plutôt
sa suivante. (Il salue Lariradondaine, elle a l'air de
le regarder avec émotion.) Elle a l'air de s'intéres-
ser à moi. Serais-je assez malheureux pour
qu'elle me voulût du bien?... (Diamantine paraît
d'un air préoccupé.) O la belle personne! (Elle
paraît étonnée de sa rencontre.) Elle est émue!...
Elle soupire. Mademoiselle... oh! oui, c'est une
demoiselle... mademoiselle, c'est vous qui...
qui... voulez-vous t'y prendre la peine d'entrer
chez nous pour vous rafraîchir?

(Diamantine s'éloigne en lui faisant un signe d'intelli-
gence.)

SCÈNE VI.

JEAN, LE CHAT.

JEAN, *l'appelant.*

Minet? minet?

LE CHAT.

Eh bien?

JEAN.

La dernière est mon objet.

LE CHAT.

C'est la fille du gouverneur.

JEAN.

O mon Dieu! voudra-t-elle être madame de Carabas?

LE CHAT.

Je n'ose t'en répondre.

JEAN.

Pourquoi?

LE CHAT.

Le gouverneur veut un gendre puissamment riche.

JEAN.

Rends-moi puissamment riche.

LE CHAT.

Je le peux.

JEAN.

Tu le peux?

LE CHAT.

En apparence!...

JEAN.

Ça suffit. Ça ne sera pas la première femme qui, en fait de mari, aura été trompée par l'apparence.

LE CHAT.

Tu l'exiges?

JEAN.

Oui, mon raton.

LE CHAT.

Va me chercher là une paire de bottes.

JEAN.

Une paire de bottes? est-ce que tu vas monter à cheval?

LE CHAT.

Va, te dis-je.

JEAN.

J'y vais... Les voici.

(*Il apporte une paire de bottes, et il aide le chat à se botter.*)

LE CHAT.

Comment me trouves-tu?

JEAN.

Elles cachent un peu trop tes mollets; du reste, elles sont bien chaussure à ta patte.

LE CHAT.

Une besace.

JEAN.

Habit complet. (*Il l'apporte et la lui met.*) Vous faut-il votre canne et votre chapeau?

LE CHAT.

Écoute-moi bien... quand tu auras vu celle

qui te plait, tu lui diras que ton château est au bout de la forêt.

JEAN.

Mon château est au bout de la forêt? tu fais bien de me dire l'adresse... est-ce à droite ou à gauche?

LE CHAT.

A droite.

JEAN.

Quel numéro?

LE CHAT.

Imbécile!

JEAN.

Minet, à propos, ne va pas faire des tiennes, m'être infidèle... Attendez, monsieur, que je vous fasse votre leçon avant de partir.

AIR: *Pégase est un cheval qui porte.*

Toujours aux pieds de ton bon maître,
Montre-toi souple et complaisant;
Quand un fat voudra te connaître,
Montre-toi fier et suffisant.
Pour presque tous nos gens d'affaire,
Garde la griffe des vautours;
Mais pour une aimable bergère,
Fais toujours patte de velours.

LE CHAT.

Tu m'as entendu?

JEAN.

Toi aussi?...

LE CHAT.

Au château.

JEAN *lui donne la main.*

Au revoir.

LE CHAT.

Je vais tout faire pour ton bonheur.

(*Il sort.*)

JEAN.

O le plus bienfaisant des chats! Son départ m'arrache des larmes. Il me fait pleurer comme une bête. (*Le suivant des yeux.*) Adieu!... au château.

SCÈNE VII.

JEAN, seul.

Si mes frères me voyaient à présent dans cet équipage brillant... s'ils me voyaient... oh! ils me sauteraient au cou; ils me...

AIR: *Ah! que je sens d'impatience!*

Lorsque j'étais un pauvre diable,
Je n'éprouvais que leurs dédains;
Voyant mon état misérable,
Ils disaient: Accus' les destins.
Va, Jean, prends patience,
Travaille avec constance,
Et ta fortune un jour
Aura son tour.
Mais avec queuq' chose on commence,
Et, mes bons frères, je n'ai rien;
D'avoir quelque bien
Donnez-moi l'moyen.

Ils m' disaient tout bas :
Cela n' se peut pas.

Mais j'ai un habit riche, un château, un grand
nom ; quand ils me verront : Est-ce toi, mon cher
Jean ?... Je ne suis plus Jean ... je me nomme
comme ça... Se pourrait-il ? Ça s' peut. Permet-
tez-moi, cher frère, qu'avec le plus profond
respect

J'embrasse (*bis.*) l' marquis de Carabas.

∞∞∞

SCÈNE VIII.

JEAN, LARIRADONDAINE, TURLU-
RETTE.

LARIRADONDAINE.

Le vois-tu, Turlurette ?

JEAN.

C'est la vieille, cachons-nous.

LARIRADONDAINE.

Le vois-tu ?

TURLURETTE.

Non, princesse...

LARIRADONDAINE.

Aurait-il fui ?

JEAN.

On fuirait à moins.

LARIRADONDAINE.

Je l'attraperai.

JEAN.

Si elle m'attrape...

TURLURETTE.

Modérez-vous, trop sensible demoiselle.

LARIRADONDAINE.

Me modérer ?... Non, je ne me modèrerai
pas ; je ne me suis jamais modérée... Qui croirait que la sœur du gouverneur Flonflon, la
princesse Lariradondaine, la régente de l'île
Joyeuse, fût aussi triste ?... qui croirait, qui croirait...

JEAN, à part.

Qu'elle n'est pas folle ?

LARIRADONDAINE.

Je le verrai, Turlurette ; je le verrai, ce beau
chevalier.

TURLURETTE.

Mais, mademoiselle, vous ne savez ni quel
est son nom, ni quel est son rang.

LARIRADONDAINE.

Qu'importe ?

AIR : Quand on sait aimer et plaire.

Quand on sait aimer et plaire,
A-t-on besoin d'autre bien ?
Dans l'empire de Cythère
Le rang, le nom, ne font rien.

Pauvre, artisan, ou monarque,
Rien n'éteint notre desir,
Et les seuls droits qu'on remarque,
Ce sont les droits du plaisir.

Quand on sait, etc.

JEAN.

Le plus prudent est de fuir, ou je suis sa
victime.

LARIRADONDAINE.

Fût-il berger, sa retraite
Me plairait ; j'aimerais bien
Pour sceptre avoir sa houlette,
Et pour courtisan son chien.

Quand on sait, etc.

JEAN, en se sauvant, tombe.

Ah ! mon Dieu !

LARIRADONDAINE.

C'est lui... je l'ai reconnu à cet ingénieux dé-
tour. C'est vous, seigneur ?

JEAN, regardant autour de lui.

Moi, seigneur ! tiens, je n'y pensais plus.
Oui, princesse, c'est moi.

LARIRADONDAINE.

J'ai quitté la chasse pour revenir en ces lieux.

JEAN.

Ça se voit de reste.

LARIRADONDAINE.

Ma démarche est un peu...

JEAN.

Pour votre âge... votre démarche est ferme.

LARIRADONDAINE.

Qu'il est galant ! Je vous ai rencontré, seigneur, et je n'ai pas été maîtresse d'un premier mouvement ; le trait subit de la sympathie
a pénétré mon cœur ; et, je le dis avec pudeur,
l'amour le plus ardent, l'amour le plus...

JEAN.

Ayez moins de pudeur.

LARIRADONDAINE.

AIR : Je connais un berger discret.

Êtes-vous un berger discret ?

JEAN.

Ah ! je vous le demande !

LARIRADONDAINE.

Me trouvez-vous plus d'un attrait ?

JEAN.

Ah ! je vous le demande !

LARIRADONDAINE.

Formeriez-vous un nœud flatteur ?

JEAN.

Ah ! je vous le demande !

LARIRADONDAINE.

Iriez-vous demander mon cœur ?

JEAN.

Ah ! je vous le demande !

LARIRADONDAINE.

Il me demandera, il me demandera !

JEAN.

Qu'il en coûte d'être poli !

(Diamantine paraît dans le fond du théâtre.)

SCÈNE IX.

LES MÊMES, DIAMANTINE.

LARIRADONDAINE, à Turlurette.

Vois-tu comme son émotion redouble !...

TURLURETTE, apercevant Diamantine.

Oui, madame. C'est naturel.

LARIRADONDAINE.

Habitez-vous ordinairement la ville ?

JEAN.

Non, mais la campagne. Là, on est bien
mieux avec l'objet qui nous séduit.

(Regardant Diamantine.)

AIR : Il était charmant et bien fait (de LA JEUNE MÈRE).

Quand je m'abandonne au sommeil,
En rêve je le vois sans cesse ;
Quand je vois lever le soleil,
Mon ame s'ouvre à la tendresse ;
Quand je vois couler les ruisseaux,
Mes pleurs coulent malgré moi-même ;
Et, lorsque j'entends les oiseaux,
Je crois entendre dire : J'aime.

LARIRADONDAINE.

Ah ! quelle délicatesse ! quelle délicatesse !

DIAMANTINE, derrière.

Même air.

Oui, le bonheur est dans ces lieux
Où régne la tendre nature ;
Tout y plaît au cœur comme aux yeux,
Tout y vit d'une flamme pure.
De l'air le parfum, la chaleur
Porte en nos sens un trouble extréme ;
Et Zéphyr agitant la fleur,
Semble souffler le mot *je t'aime.*

JEAN.

Qu'ai-je entendu ?

LARIRADONDAINE.

D'où part cette voix qui a répondu pour
moi ?

TURLURETTE.

Je ne sais...

JEAN, à part.

Je ne la vois plus.

(On entend l'air : Et flon flon lariradondaine.)

LARIRADONDAINE.

J'entends mon frère ; retirez-vous, jeune
homme ; mon frère, malgré sa gaîté, puisqu'il
chante toujours et qu'il est gouverneur de l'île
Joyeuse, ne rirait pas de voir qu'on eût séduit
sa sœur.

JEAN.

Je ne vous ai pas séduit.

LARIRADONDAINE.

Si fait, si fait. (La chasse se rapproche.) Éloi-
gnez-vous, et, quoique je ne sache ni qui vous
êtes, ni ce que vous êtes, ni d'où vous êtes, je
vous attends au château ce soir à la brune.

(Elle sort.)

JEAN.

Oui, va, compte sur Jean !

(On joue l'air : Va-t'en voir s'ils viennent, Jean.)

JEAN.

Allons, obéissons à mon chat... J'ai fait un
choix, j'ai vu celle qui en est l'objet, allons à
mon château... O mon Dieu ! où m'a-t-il dit
qu'il était, mon château ?... Je ne m'en souviens
plus... Je demanderai... quoi... Voulez-vous
bien me dire, monsieur, où est mon château ?...
Ma foi, allons tout droit... Oui, mais on ne va
pas toujours où l'on veut, en allant droit son
chemin... Me v'là bien avancé !... Minet... minet... D'abord où est la forêt ?

SCÈNE X.

(Le théâtre change, et représente la forêt; on voit le chat
guettant un lièvre au gîte.)

JEAN, LE CHAT.

JEAN.

Ah ! te voilà !

LE CHAT.

Éloigne-toi vite... et attends-moi au bout de
cette avenue.

JEAN.

Oui, oui, Rominagrobis... Voilà une fière
journée pour moi... (Le lièvre passe, le chat le
prend, et le met dans sa besace.) Tiens, mon chat
chasse...

LE CHAT.

Veux-tu t'en aller !

(On entend la chasse très rapprochée.)

JEAN.

Je pars. Ce chat-là est un fier matou.

(Il sort.)

SCÈNE XI.

LE GOUVERNEUR, LARIRADONDAINE, DIAMANTINE, BOUTE-EN-TRAIN, LA SUITE ; et LE CHAT, qui s'en va en miaulant.

LE GOUVERNEUR, à Boute-en-Train.

AIR : Eh ! gai, gai, mon officier.

Eh ! gai, gai, mon officier,
Et vous gens de ma suite,
Faudrait-il moins vous égayer
Pour manquer de gibier ?

Chantez, peuplade heureuse,
Chantez à l'unisson,
Pour que l'île Joyeuse
Soit digne de son nom.

Eh ! gai, etc.

LE GOUVERNEUR.

Chantez, mais qu'on évite
Les airs tristes et longs ;
Plus nous chanterons vite,
Et plus nous chanterons.

Eh ! gai, etc.

BOUTE-EN-TRAIN.

Grand prince, voulez-vous vous reposer ici ? voulez-vous donner vos ordres?

LE GOUVERNEUR.

Des ordres, moi! dis donc, des chansons.

AIR : Tenez, moi, je suis un bon homme.

On le sait, les lois que je donne
Ne sont que les lois du plaisir,
Car à tous mes vassaux j'ordonne
De chanter, de se divertir.
Vive à jamais la chansonnette,
Nos maux sont par elle oubliés ;
Avec un refrain dans sa tête,
On met son chagrin sous ses pieds.

DIAMANTINE.

Mais, mon père, reposez-vous donc.

LARIRADONDAINE.

Hélas ! hélas !

LE GOUVERNEUR.

Qui ose pousser un hélas devant moi? vous, ma sœur, oubliez-vous ma maxime?

LARIRADONDAINE.

Quand le cœur est blessé...

DIAMANTINE, riant à part.

Et que personne ne veut vous guérir...

LARIRADONDAINE.

Grand Dieu!...

LE GOUVERNEUR.

Encore!...

LES PAYSANS, apercevant le chat.

Au chat!... au chat!...

LE CHAT.

Je veux parler au gouverneur.

TOUS.

Un chat qui parle !

LE GOUVERNEUR.

Ah ! ah ! c'est le chat du marquis de Carabas ; approche, que me veux-tu ?

LE CHAT.

Vous offrir ce lièvre et ces deux perdrix, de la part du marquis de Carabas, mon maitre.

LE GOUVERNEUR.

Il est plus habile chasseur que nous, messieurs; mais dis-moi donc avant tout, monsieur l'ambassadeur, est-il gai, ton maître?

LE CHAT.

D'une gaité folle.

LE GOUVERNEUR.

Aime-t-il les lois de l'ile Joyeuse? s'y conforme-t-il?

LE CHAT.

Oui, gouverneur.

LE GOUVERNEUR.

Enfin, sait-il que

AIR du Calife de Bagdad.

Bacchus et Momus, dans mon île,
Sont des princes toujours régnants?
Les attributs du vaudeville
Sont mes armes depuis long-temps.
Quel chagrin pourrait donc m'atteindre,
Quand sur moi-même j'ai fait peindre

Un galoubet, des chalumeaux,
Une musette et des grelots ?

LARIRADONDAINE.

Monsieur le chat, une question : Votre maître est-il jeune?

LE CHAT.

Oui.

LARIRADONDAINE.

C'est lui.

DIAMANTINE.

Beau ?

LE CHAT.

Oui.

LARIRADONDAINE.

Sentimental ?

LE CHAT.

Oui.

LARIRADONDAINE, à part.

C'est lui.

DIAMANTINE.

Ne pourrait-on le voir?

LE CHAT, bas à Diamantine.

Vous l'avez vu.

DIAMANTINE.

C'est lui.

LE GOUVERNEUR.

Je veux le voir, votre maître, lui donner une place de favori... de chef de mon armée.

BOUTE-EN-TRAIN.

Vous ne vous querellez avec personne.

LE GOUVERNEUR.

Cependant, si l'on attaquait l'ile Joyeuse...

AIR de Mariane.

Combattant ces nouveaux Pompées,
Avec vigueur j'opposerais
A la pointe de leurs épées
La pointe de quelques couplets;
Puis pour canons
Nous prendrions
Flûtes, hautbois, clarinettes, clairons,
Et pour drapeaux,
Quelques morceaux
De la tunique au dieu gai des grelots;
Notre marche serait fantasque,
La charge gaiment sonnerait,
La générale, on la battrait
Sur des tambours de basque.

LE CHAT.

Gouverneur, je dirai à mon maître tout ce que vous lui proposez... Mais, avant, il faut que je remplisse ma mission : le marquis demande en mariage une personne de votre maison.

LARIRADONDAINE et DIAMANTINE.

C'est moi.

LE GOUVERNEUR.

Avant tout, il faut que je le voie, que je sache quels sont ses biens, ses titres.

LE CHAT.

Vous le verrez dans son château, où il vous attend... Quant à ses biens, daignez prendre cette route, et vous les verrez tous... Une voiture même vous attend... Interrogez tout le long du chemin les paysans qui travaillent, et vous jugerez, par leur réponse, de la fortune de mon maître.

LE GOUVERNEUR, à Boute-en-Train.

AIR : J'ons un curé patriote.

Est-ce ma sœur ou ma fille
Que convoite le marquis ?
Certes, c'est la plus gentille,
Et ma fille aura le prix ;
Mais ne nous endormons pas,
Et visitons de ce pas   [bas.
Tous les biens, les grands biens du marquis de Cara-

LE CHAT, seul, se croisant les pattes.

Cela va bien ; j'ai dit à tous les paysans : Répondez quand on vous interrogera, C'est au marquis de Carabas, ou vous serez hachés menu, menu comme chair à pâté. Ils auront peur et me serviront. O mon Dieu ! voilà ce diable de Jean qui revient.

SCÈNE XII.

LE CHAT, JEAN.

JEAN.

Dites donc, dites donc, monsieur minet, on a bien raison de dire que les chats sont traîtres ; comment, vous m'envoyez à un château, pour être mangé par un ogre ?

LE CHAT.

T'ai-je dit d'y entrer ?

JEAN.

Un ogre !... qui n'aurait fait de moi qu'une bouchée... et vous m'envoyez justement à l'heure de son dîner !

LE CHAT.

Retourne-s-y, et attends-moi...

JEAN.

Non pas, non pas...

LE CHAT.

Attends-moi à la porte.

JEAN.

S'il allait sortir !

(On entend de la musique.)

LE CHAT.

C'est le gouverneur qui visite tes biens ; je te quitte pour l'accompagner, attends-moi à quelques pas d'ici.

(Il sort.)

JEAN.

Cachons-nous pour voir mes biens, que je ne connais pas encore.

(Il se cache. — La toile du fond se lève, et l'on aperçoit dans le fond, au milieu des vignes et des blés, une voiture dans laquelle sont le gouverneur, Lariradondaine et Diamantine. Le chat est en laquais derrière la voiture ; des écuyers à cheval, à pied, précèdent et suivent le cortége.)

(Pendant que la voiture passe.)

AIR : Ça n'dur'ra pas toujours.

LE GOUVERNEUR.

A qui cette prairie ?

TOUS.

Au marquis d'Carabas...

LE GOUVERNEUR.

Et cette métairie ?

TOUS.

Au marquis d'Carabas.

LE GOUVERNEUR.

A qui ces échalas ?

TOUS.

Au marquis d'Carabas. (ter.)

(La voiture fait quelques pas.)

DEUXIÈME COUPLET.

LE GOUVERNEUR.

A qui ce chêne antique ?

TOUS.

Au marquis d'Carabas.

LE GOUVERNEUR.

Ce château magnifique ?

TOUS.

Au marquis d'Carabas.

LE GOUVERNEUR.

Ces blés qui sont là-bas ?

TOUS.

Au marquis d'Carabas. (ter.)

(La voiture fait quelques pas.)

TROISIÈME COUPLET.

LE GOUVERNEUR.

A qui cette garenne ?

TOUS.

Au marquis d'Carabas.

LE GOUVERNEUR.

Ces bestiaux, dans la plaine ?

TOUS.

Au marquis d'Carabas.

LE GOUVERNEUR.

Tous ces dindons si gras ?

TOUS.

Au marquis d'Carabas. (ter.)

(La voiture passe. La toile tombe.)

ACTE SECOND.

Le théâtre représente le palais de l'ogre.

SCÈNE I.

HOMMES et FEMMES, servant dans le palais.

UN DOMESTIQUE.

Mes amis, monseigneur l'ogre n'est pas encore réveillé.

TOUS.

Ah ! tant mieux !

AIR : Je suis heureux.

Quel maître affreux que cet ogre barbare !
Cet être bizarre,
Toujours nous prépare
Quelques traits méchants.
Il faut pourtant s'efforcer de lui plaire,
Ou, dans sa colère,
De nous, le voir faire
Des repas charmants.

UNE FILLE.

Qui nous en délivrera ?

(Bruit de trombones ; effroi général.)

UNE FILLE.

Ou qui nous protégera ?

(Bruit de trombones ; effroi général.)

UNE FILLE.

D'ici qui nous sortira ?

(Bruit de trombones ; effroi général.)

UNE FILLE.

Et qui donc nous sauvera ?

(Bruit de trombones ; effroi général.)

TOUS.

Quel maître affreux, etc.

LE DOMESTIQUE.

Voici l'ogre ! voici l'ogre...

SCÈNE II.

LES MÊMES, L'OGRE.

L'OGRE.

Des plaintes ont troublé mon sommeil... Qui
s'est permis de déplorer son sort ?...

UN VASSAL.

Nous tous, monseigneur.

L'OGRE.

Audacieux !... et de quoi vous plaignez-vous ?

UN VASSAL.

De voir que tous les jours ici vous mangez du
monde avec un appétit qui nous effraie.

L'OGRE.

Comment, malheureux, tu oses....?

UN VASSAL.

Hier encore, cette jeune villageoise qui était
gentille à croquer !...

L'OGRE.

Aussi l'ai-je croquée, qu'avez-vous à dire ?...

UN VASSAL.

Pourquoi les attirez-vous dans ce palais par
des piéges aimables ?

L'OGRE.

Pourquoi ! pourquoi !

SCÈNE III.

LES MÊMES, UN DOMESTIQUE.

LE DOMESTIQUE.

Monseigneur, deux étrangers jeunes et assez
bien portants tournent autour de ce palais ;
l'un regrette son âne, et l'autre son moulin.

L'OGRE.

Qu'ils deviennent ma proie.

LE VILLAGEOIS, à part.

Ils n'auront plus rien à regretter... Ce soir à
la cuisine...

L'OGRE.

Vassaux, par des sons harmonieux attirez-les
de ce côté, et toi, va ouvrir les grilles de ce
château. Vous vous retirerez tous à leur approche.

(L'orchestre joue un air mélodieux.)

LE DOMESTIQUE.

Les voici.

L'OGRE.

Retirons-nous.

(La symphonie continue et ne s'arrête que lorsque les deux
personnages sont en scène.)

SCÈNE IV.

PIERRE et PAUL.

PIERRE.

C'est de la jolie musique.

PAUL.

C'est de la belle ; mais où sont donc les mu-
siciens ?

PIERRE.

Je ne les entends plus... Ils seront rentrés
chez eux.

(Il écoute, l'oreille à terre.)

PAUL.

Où donc ? dans la cave ?... Si c'est vrai,
c'est fini, nous ne les verrons pas.

PIERRE.

Quand nous les verrions, crois-tu qu'ils nous
rendraient plus gais ?

PAUL.

Eh ! oui, s'ils nous faisaient boire avec eux.

PIERRE.

Mon pauvre âne...

PAUL.

Que veux-tu ; il ne voulait pas aller, tu as
en fait de t'en défaire.

PIERRE.

Il aurait peut-être été.

Air : Du partage de la richesse.

Je me suis trop hâté, sans doute,
De suivre ton funeste avis ;
Hélas ! j'ai vendu sur la route
Le plus fidèle des amis ;
Peut-être cet âne, mon frère,
Aurait un jour été grand train,
Car de tout temps sur cette terre
Les ânes ont fait leur chemin.

PAUL.

Plains-toi !... Ne m'as-tu pas fait vendre mon
moulin, parcequ'il n'y avait pas de vent depuis
quatre jours ?

PIERRE.

Tu n'allais que d'une aile.

PAUL.

Les deux auraient été avec de la patience.

PIERRE.

Et du vent. Écoute, Paul.

PAUL.

Voyons, Pierre.

PIERRE.

Nous avons fait une sottise.

PAUL.

Oui, car tu as joué l'argent de ton âne ; et
moi, ma fermière coquette m'a emporté le prix
de mon moulin... Nous n'avons plus même
l'habits.

PIERRE.

Consolons-nous.

PAUL.

Avec quoi ?

PIERRE.

Avec ce qui nous reste.

PAUL.

Il ne nous reste rien.

PIERRE.

Il nous reste des bras, des jambes, demandons de l'emploi dans ce château.

PAUL.

Allons... si cela pouvait s'arranger bien vite,
car j'ai une faim !... Qui aurait cru qu'un jour
nous serions assez malheureux pour regretter le
chat de Jean ?... Si nous l'avions aujourd'hui,
nous ferions un repas d'auberge... Voyons... ap-
pelons... Il y a-t-il quelqu'un ici ?...

PIERRE.

A la boutique.

PAUL.

Qu'est-ce que tu dis donc ?... dans un château...

PIERRE.

C'est vrai, c'est une absence...

PAUL.

Tiens, frappe d'un côté, et moi de l'autre.

PIERRE.

Le pauvre a beau frapper à toutes les portes,
on ne l'entend pas.

PAUL.

Si fait, on l'entend.

PIERRE.

On l'entend ?

PAUL.

Pour le chasser... C'est égal, frappons. (Une
inscription paraît : ICI L'ON MANGE.) Vois-tu, bonne
découverte... Mais je ne peux pas ouvrir la porte...
Qu'est-ce que ça me fait qu'ici l'on mange, si
je ne mange pas ?

(Pierre frappe. — Une autre inscription paraît : ICI L'ON
EST MANGÉ.)

PIERRE, effrayé.

Ah ! mon Dieu ! lis donc, Paul, lis donc...
Ici l'on est mangé.

UNE VOIX.

Oui.

PAUL et PIERRE, effrayés.

Oui ?... fuyons.

PIERRE.

Je n'ai plus faim...

(Ils veulent fuir, toutes les avenues se garnissent de sol-
dats.)

PAUL.

Il ne nous restait plus que la vie...

PIERRE.

Nous ne jouirons pas long - temps de notre
reste.

PAUL.

Nous sommes perdus !

PIERRE.

Eh bien, mourons, ou sortons de force.

UNE VOIX.

Arrêtez !...

SCÈNE V.

LES MÊMES, L'OGRE.

L'OGRE.

Jeunes gens, vous m'appartenez.

PIERRE à Paul.

Tiens, c'est une bête que cet homme-là.

PAUL.

Nous sommes plus bêtes que lui, car il est le
plus fort.

L'OGRE.

Pourquoi êtes-vous entrés dans mon château ?

PAUL, à part.

Soyons polis... (Haut.) Pour avoir le plaisir
de voir monseigneur... Je ne sais pas votre
nom !

L'OGRE.

Je me nomme l'Ogre.

PIERRE.

C'est un ogre, nous sommes fricassés !

L'OGRE.

Vous n'aviez donc rien à faire, puisque vous vous promeniez dans la forêt des oisifs?

PIERRE.

AIR : La bonne aventure.

J'avais un âne charmant,
 Qu'éleva mon père :
L' drôl', loin d'aller en avant,
 Allait en arrière.
Je l' vendis.

L'OGRE.

 A ses bienfaits
Ton père dut ses succès ;
On ne doit trahir jamais
 L'ami de son père.

Et toi?

PAUL.

AIR : Si Pauline est dans l'indigence.

Sur une montagne riante,
J'avais un joli p'tit moulin,
Mais du vent l'absence constante
Hier me donna du chagrin.
N' croyant pas devenir des vôtres,
Je l' vendis, j'en suis enragé,
Car au lieu d' faire manger les autres,
C'est moi qui vais être mangé.

L'OGRE.

C'est vrai... (A Pierre.) Toi, en vendant ton âne, tu as trahi l'amitié ; et toi, ton moulin fait la fortune du meunier laborieux et patient à qui tu l'as vendu. Vous avez tous deux mérité votre sort. (A ses gardes.) Qu'on les emmène...

PIERRE et PAUL, pleurant.

Mon Dieu!... mon Dieu!...

(On les entraîne.)

SCÈNE VI.

L'OGRE, seul.

Quand donc finira le funeste sort qu'on a jeté sur moi, et qui me met au rang des tigres les plus féroces?... Jamais!... et si cette bague, affreux talisman, m'est ravie, alors je descends aussitôt dans la tombe. Eh! ne serait-ce pas plus heureux !

(On entend miauler.)

SCÈNE VII.

L'OGRE, UN VALET.

LE VALET.

Monseigneur, un chat demande à vous parler.

L'OGRE.

A me parler, un chat?... qu'il entre.

LE VALET.

Entre, chat... Le voici.

SCÈNE VIII.

L'OGRE, LE CHAT.

LE CHAT.

Monseigneur, je viens de la part de la fée Violentine.

L'OGRE.

Celle qui a jeté sur moi ce sort épouvantable... Fuis de ces lieux...

LE CHAT.

Je viens pour vous annoncer que son courroux est apaisé.

L'OGRE.

Dis-tu vrai?

LE CHAT.

Je suis son premier favori.

L'OGRE, à part.

Prendre un chat pour son favori!... Elle ne s'entoure jamais que de traîtres.

LE CHAT.

Et je viens vous dire qu'elle veut vous laisser maître de prendre une autre forme.

L'OGRE.

Se pourrait-il !

LE CHAT.

Ma parole d'honneur, foi de chat. Prends cet anneau protecteur avec lequel tu pourras paraître sous telle métamorphose qu'il te plaira.

L'OGRE.

Tu crois te jouer de ma crédulité.

LE CHAT.

Il dépend de toi d'éprouver sa vertu, mais il faut d'abord que tu me rendes l'anneau qui t'a causé tant de maux.

L'OGRE.

Non.

LE CHAT, à part.

Je ne réussirai point.

L'OGRE.

Je veux, avant tout, éprouver celui que tu m'apportes.

LE CHAT.

Le voici, parais sous la forme qui te conviendra.

L'OGRE.

Je vais l'apprécier... Je desire être le plus puissant des animaux.

(Il s'enfonce, et un lion paraît à sa place. Le chat fait signe qu'il a peur, l'ogre reparaît.)

LE CHAT.

Quelle frayeur tu m'as causée! Es-tu sûr maintenant du pouvoir de ce talisman?

L'OGRE.

Oui, et voici l'anneau que tu desires.

LE CHAT, à part.

Je le tiens. (Haut.) Apprends encore que cet anneau peut te faire prendre une forme dont la force de ton être te ferait douter; tu peux devenir presque un atome, et même échapper à tous les yeux.

L'OGRE.

Ah ! c'est tout ce que je desire... Essayons.

LE CHAT, à part.

Il est pris !

(L'ogre s'enfonce ; une souris paraît sur la table, le chat
la croque — Coup de tonnerre, flammes, les paysans
accourent.)

LE CHAT.

Mes amis, votre tyran n'est plus. Je vais vous
donner un bon maître... Mais gardez le plus
profond silence sur tout ce qui vient de se passer. Ce bon maître, c'est le marquis de Carabas.

TOUS.

Où est-il?

(Le marquis paraît.)

LE CHAT.

Le voici.

SCÈNE IX.

LES MÊMES, JEAN.

AIR : Serviteur à monsieur d' la Fleur.

TOUS.

Serviteur à monsieur l' marquis.

JEAN.

Vous êtes ben polis , mes amis ;
Oui, très polis,
Mes chers amis.

LE CHAT.

Voilà votre château, seigneur.

JEAN.

Pour le prix , j'en acheterais bien une demi-
douzaine comme ça.

LE CHAT.

Vous le trouvez donc?...

JEAN.

Magnifique et pas cher.

LE CHAT.

Chut! déguisez-vous bien, qu'on ne recon-
naisse pas en vous le pauvre diable : avec un
riche habit il faut avoir de l'esprit.

JEAN.

C'est drôle, j'ai vu bien des beaux messieurs
qui n'avaient de brillant que l'habit.

LE CHAT.

Parlaient-ils?

JEAN.

Ils ne disaient rien.

LE CHAT.

Voilà leur esprit. (On entend une marche.) Mes
amis, voilà le gouverneur Flonflon ; allez au-
devant de lui... donnez-leur donc vos ordres!

JEAN.

Mes amis, ce gouverneur est mon beau-père,
parceque j'épouse sa fille... Allez le recevoir et
comportez-vous comme d'honnêtes gens... Allez, vous aurez pour boire... La marche s'approche.

SCÈNE X.

LES MÊMES, LE GOUVERNEUR, LARIRA-DONDAINE et DIAMANTINE , chacun sur un palanquin, que l'on arrête au milieu du théâtre ; BOUTE-EN-TRAIN.

LE GOUVERNEUR , sur son palanquin.

AIR : Eh! lon, lon , la.

Peut-être cette cohorte ,
Qui par un respect touchant,
Sur ses épaules me porte,
Tout bas dit en enrageant :
Vieux roi, que le diable t'emporte !
Elle le dit en m'emportant.

(Il passe.)

LARIRADONDAINE , sur son palanquin.

Je suis de l'amour fidèle
Un vrai portrait à citer,
De cet amour si rebelle
Qu'on ne peut lui résister,
De cet amour qui n'a plus d'aile
Et qu'au plaisir il faut porter.

(Elle passe.)

DIAMANTINE , sur son palanquin.

C'est malgré moi qu'on me porte,
Et mon cœur trop agité,
De lui-même se transporte
Vers l'objet qui l'a flatté ;
L'amour que le desir emporte
N'a pas besoin d'être porté.

LE GOUVERNEUR , à Jean.

C'est donc vous , prince, qui êtes ce marquis
qui... a acquis...?

JEAN.

Moi-même, grand Flonflon ; je suis ce marquis qui desire avoir avec vous un petit colloque
de quelques heures.

LE GOUVERNEUR.

Votre gibier vous a acquis mon estime.

JEAN.

Il est vrai, grand Flonflon, que dans le bois,
chaque fois que je voyais un lapin, un cerf, ou
enfin quelque bête à attraper, je pensais tout
de suite à vous.

LE GOUVERNEUR.

Vous êtes honnête comme on ne l'est pas.

LARIRADONDAINE.

Il me séduit par sa finesse.

DIAMANTINE , à part.

Sa naïveté m'amuse.

LE GOUVERNEUR.

Marquis, vous êtes très riche ?...

JEAN.

Je ne connais pas ma richesse... Si vous vou-
liez venir à deux pas, à trois lieues d'ici... J'ai
une terre qui est la plus belle de toute l'île. Elle
est plus grande que l'île même.

LARIRADONDAINE.

Quelle fortune !

DIAMANTINE , à part.

Il ment avec franchise....

LE GOUVERNEUR.

Nous la verrons.

JEAN.

Tout de suite.

LE GOUVERNEUR.

Air du vaudeville de Gessner.

Je vous crois propriétaire,
Mais tenez, je vous le dis :
Pour aller voir votre terre,
Il est trop tard, cher marquis.

JEAN.

Quoique l'on soit à la brune,
Prince, suivez mon conseil ;
Vous verrez au clair de la lune
Que j'ai du bien au soleil.

LE GOUVERNEUR.

A propos de lune, combien comptez-vous
de quartiers de noblesse ?

JEAN.

Quatre-vingt-dix-neuf, sans compter le dernier quartier.

LE GOUVERNEUR.

C'est comme qui dirait cent quartiers... et d'a-
près ce que dit votre estimable chat... (le chat
salue.) vous desirez aller au temple d'hymé-
née ?...

JEAN.

Tenez, je n'irai pas par quatre chemins ; j'a-
voue que je veux m'unir à quelqu'un...

DIAMANTINE, à part.

Il m'a regardée...

LARIBADONDAINE, à part.

Le trouble de ses yeux l'empêche de me
voir.

LE GOUVERNEUR.

Air de Barbari.

Je veux, par l'hymen le plus doux,
Agrandir ma famille ;
Mais, je vous le dis entre nous,
Pour l'époux de ma fille
Je veux un marquis du bon ton.

JEAN, à part.

La faridondaine, la faridondon.

LE GOUVERNEUR.

Vous êtes marquis ?...

JEAN.

Je le suis.
(A part.)
Biribi.
A la façon de Mistigri,
Mon ami.

LE GOUVERNEUR.

C'est donc une affaire conclue... je vais passer
avec mes ministres dans un de vos appartements
pour dresser votre acte de mariage.

JEAN.

Vous ne savez pas quel est l'objet...

LE GOUVERNEUR.

Je le sais...

JEAN.

Je ne vous croyais pas aussi savant que moi,
il s'en fallait.

LE GOUVERNEUR.

Indiquez à ces dames l'endroit qui leur est né-
cessaire pour se reposer.

JEAN, à Lariradondaine.

Vous, madame...

LARIRADONDAINE.

Je suis à gauche.

JEAN, lui montrant un cabinet.

Oui, donnez à gauche.

DIAMANTINE.

Et moi ?

JEAN, mettant la main de Diamantine sur son cœur.

Vous, toujours là.

(Il lui montre le cabinet à droite.)

LE GOUVERNEUR, à Boute-en-Train.

Il ne s'est pas expliqué sur l'objet de sa pré-
férence. Profitons de notre doute pour me dé-
barrasser de ma sœur... Eh bien, marquis, où
me retirerai-je ?

JEAN.

Un homme tel que vous doit être au grand
salon.

LE GOUVERNEUR.

Mes amis, suivez-moi... Marquis,

Air : Daignez m'épargner le reste.

Pour que de ce jour solennel
On puisse parler d'âge en âge,
Je vais par un acte formel
Conclure votre mariage.
Pour qu'il soit fait avec éclat,
Pour qu'il ne soit pas apocriphe,
Nous signerons tous le contrat.

TOUS.

Nous signerons tous le contrat.

JEAN.

Et mon chat y mettra sa griffe.

SCÈNE XI.

LE CHAT, JEAN, LARIRADONDAINE.

JEAN.

Me voilà marié... mon petit chat.

LARIRADONDAINE.

Allons trouver le gouverneur, mon frère,
pour qu'il ne se trompe pas.

(Elle sort.)

LE CHAT.

Je vais vous faire préparer le repas de noce.

(Il sort.)

JEAN.

N'y touche pas, entends-tu ?... C'est que j'ai
vu des chats voleurs...

SCÈNE XII.

JEAN, seul.

Ça va bien, ça va bien.

Air : N'allez pas mordre à la grappe.

Tout s'arrange pour me plaire ;
J'ai des habits, un château.

Des vigu's, une grande terre,
Et le tendron le plus beau...
Qui ne serait en délire
De ces évén'ments subits ?
Ah ! ma foi, c'est le cas d' dire :
Allons donc, saute marquis.

(Il saute.)

SCÈNE XIII.

JEAN, DIAMANTINE.

DIAMANTINE.

e voilà.

JEAN, ému.

e le vois...

DIAMANTINE, regardant autour d'elle.

ai cru m'apercevoir que je vous intéressais,
n ?...

JEAN, étonné.

ean !

DIAMANTINE.

ui, Jean, fils d'un meunier.

JEAN.

uoi ! vous savez... je suis perdu !... ah ! prin-
e...

(Il tombe à ses genoux.)

DIAMANTINE.

elevez-vous.

JEAN.

ui a pu vous dire...?

DIAMANTINE.

les yeux.

JEAN.

omment ?...

DIAMANTINE.

AIR nouveau.

Vous souvient-il d'une prairie
Où vos moutons allaient paissant ?
Petite fille assez jolie,
Avec vous les gardait souvent.
C'était moi qui voulais vous plaire.
Vous retrouvant dans ces cantons,
Je suis la petite bergère
Qui s'en revient à ses moutons.

JEAN.

Quoi ! vous êtes... vous seriez... vous étiez...?
is non ; cette petite fille se nommait Lucette ;
e était enfant d'une meunière, j'en suis bien
, et vous êtes la fille du gouverneur.

DIAMANTINE.

Jean, m'aimez-vous bien... bien ?...

JEAN.

Aussi bien que vous le dites...

DIAMANTINE.

Vous n'abuserez jamais du secret que je vais
us confier ?

JEAN.

Ma discrétion est connue, quoiqu'on ne m'ait
mais rien confié.

DIAMANTINE.

Je ne suis, comme vous, que la fille d'une
eunière.

JEAN.

Allons donc ! vous voulez rire de ma simpli-
cité.

DIAMANTINE.

Écoutez : ma mère avait été choisie par le
gouverneur pour nourrir sa fille, et cette pré-
férence était la suite naturelle d'un événement
très bizarre... la fille du gouverneur et moi,
nous étions d'une ressemblance parfaite...

JEAN.

C'était bien heureux pour la fille du gouverneur.

DIAMANTINE.

L'amitié entre cette princesse et moi naquit
pour ainsi dire avec nous ; et, dès nos premières
années, elle devint si forte que rien ne put
nous séparer... En vain le gouverneur voulait
appeler sa fille à la cour ; cette aimable compa-
gne persistait à ne pas me quitter, et même à se
vêtir des mêmes habits que les miens. Rien
n'était plus piquant que les métamorphoses qui
résultaient de notre ressemblance de traits et
d'habits. Le gouverneur lui-même y était trom-
pé ; il m'embrassait comme son enfant.

JEAN.

Et vous le croyez votre père ?...

DIAMANTINE.

Oh ! non...

AIR : Le chagrin fuit au fond du verre.

L'illusion trompe les yeux,
Mais elle ne peut tromper l'ame :
De l'erreur quels que soient les feux,
Du bonheur ils n'ont pas la flamme :
On reconnaît baiser trompeur,
Car dans une ivresse sincère,
C'est moins la bouche que le cœur,
Qui reçoit le baiser d'un père.

JEAN.

Jolie et sensible !... elle est faite pour moi...
Achevez, achevez... vous avez donc pris la place
de votre amie, qui a préféré le chaume aux rubis
des palais ?...

DIAMANTINE.

Non : quand j'ai cessé d'aller vous tenir com-
pagnie dans la plaine, c'est que ma pauvre com-
pagne avait tout-à-coup perdu la vie... comment
dire cette nouvelle au gouverneur ?... il n'avait
que cette enfant, il aurait cru ma mère capable
d'avoir... On répandit le bruit que l'on m'avait
envoyée dans un autre pays, et je fus introduite
à la cour où l'on me reçut et me traita comme
la fille du gouverneur.

JEAN.

Ainsi nous v'là de niveau... terre à terre.
C'est bien heureux ça, que vous soyez une fille
de rien... que je sois un garçon de rien... et
qu' ça nous empêche pas d'être quelque chose.

DIAMANTINE.

Maintenant vous ne serez pas effrayé de mon
rang.

JEAN.

Je crois bien ! vous n'en avez pas... vous n'êtes... (il rit.) eh ! eh ! eh !... tu n'es que ma petite Lucette...

DIAMANTINE.

Et toi, que mon bon Jean... Ainsi, accord parfait, simples desirs, bonheur pur, vous serez notre partage...

JEAN.

Je pense à une chose.

DIAMANTINE.

A quoi ?

JEAN.

Met-on une enseigne à un château ?

DIAMANTINE.

Pourquoi ?

JEAN.

Comme nous sommes tous deux enfants de meunier, nous mettrions : *A l'enseigne des Deux Moulins.*

DIAMANTINE.

Toujours le même... Comment voulais-tu que je ne te reconnusse pas ?...

JEAN.

A ma bêtise, n'est-ce pas ?... N'importe, il faudra dans tous nos châteaux qu'il y ait deux moulins à côté l'un de l'autre.

DIAMANTINE.

Demande cela à ton chat.

JEAN.

Quoi ! tu sais aussi...? Mon Dieu ! quelle femme je vais épouser !... une femme aussi savante que moi...

DIAMANTINE.

(On entend du bruit.)

On vient... je me retire... amour et mystère ; bouche close.

JEAN.

Laisse-moi la fermer... (Il l'embrasse au cou.) C'est pas ça, mais patience...

SCÈNE XIV.

JEAN, UN MINISTRE et DES DOMESTIQUES.

LE MINISTRE.

Monsieur le marquis, je viens avec dextérité, vivacité, célérité, gaîté, vous apporter le contrat de mariage à signer, pour que tout soit terminé comme vous le desirez.

JEAN signe.

Eh ! vite et vite... Jean-Nicolas, marquis de Carabas... et et... faut-il ma parataphe ?

LE MINISTRE.

Votre signature suffit... Je dois vous laisser un de ces deux actes.

JEAN.

N'ayez pas peur, je n'oublierai pas que je suis marié.

LE MINISTRE.

Ce sont mes ordres... (A part.) Enfin la sœur du gouverneur a trouvé un époux... après lustres...

(Il sort.)

JEAN.

Il a parlé de lustres... c'est peut-être qu'on illuminer le château...

SCÈNE XV.

JEAN, LE CHAT.

LE CHAT, accourant.

Les tables sont prêtes...

JEAN.

Le contrat est signé.

LE CHAT.

A propos, sais-tu qui j'ai trouvé dans les ves du château ?...

JEAN.

Qui donc ? quelques chats de tes parents ou tes amis.

LE CHAT.

Hélas ! non.

JEAN.

Tu as l'air triste ; c'est peut-être ta femme ?

LE CHAT.

Non, tes frères.

JEAN.

Mes frères !... dans la cave ?... est-ce qu'ils b vent mon vin ?... un moment...

LE CHAT.

Ils n'ont plus ni âne ni moulin ; ils étaient nus demander de l'ouvrage au château, et gre les avait mis en réserve pour les dévor

JEAN, avec bonté.

Ah ! mon Dieu !... ces pauvres jeunes gens Il me vient une idée... fais-les approcher... Ils savent pas que je suis le successeur de l'ogre. vais me venger.

LE CHAT.

J'ai ordonné qu'on les amenât ici, je les tends.

JEAN.

Je vais m'envelopper dans ce manteau, et vas voir que ce n'est pas difficile d'avoir l'air manger les autres.

LE CHAT.

Les voici.

JEAN.

Mets-toi sous la table.

SCÈNE XVI.

LES MÊMES, PIERRE, PAUL, QUATRE GA DES.

JEAN, enveloppé, et d'une voix forte.

Approchez.

PAUL, tremblant.

Tu es l'aîné, je te dois le pas.

PIERRE.

Le pas, non pas, je te le cède.

JEAN, d'une voix forte.

Approchez-vous... j'ai toujours eu des égards pour ceux que le sort m'envoyait. De quelle manière préférez-vous que je vous mange? quand voulez-vous que je vous mange?

PIERRE, pleurant.

Quels égards!... dis donc, Paul, ne faut-il pas consulter son goût!...

PAUL, à part.

Si je pouvais gagner du temps... (Haut.) Je vous fais observer, monsieur l'ogre, que je suis très maigre.

PIERRE.

Moi, je n'ai que les os sur la peau.

JEAN.

Excellent rôti.

PIERRE et PAUL.

Comment, rôti!...

JEAN, aux gardes.

Vous donnerez cet ordre à mon chef.

PIERRE et PAUL.

O monsieur l'ogre! laissez-nous la vie!...

JEAN.

Non, vous êtes deux mauvais sujets.

PIERRE.

C'est pour cela; nous ferions deux mauvais plats.

JEAN.

Vous avez laissé mourir votre frère Jean de faim et de misère. Vous mourrez aussi... Qu'on les entraîne à la cuisine.

PIERRE et PAUL.

Grace! grace!...

JEAN.

Vous direz au chef qu'il mette ce petit-là en daube, et ce gros dindon-là à la broche.

LE CHAT, accourant, se met à genoux à côté d'eux.

Grace!

PIERRE.

Tiens! voilà minet... et il parle!...

PAUL.

Je le reconnais à sa petite espèce...

JEAN, jetant son manteau.

Reconnaissez-vous Jean?...

PIERRE et PAUL.

Jean!...

PIERRE.

Jean!...

JEAN.

Avez-vous eu peur, méchants que vous êtes!... mais c'est assez, vos torts sont oubliés. Je suis le marquis de Carabas, maître de ce château, par testament de l'ogre... je me marie à la fille du gouverneur Flonflon, et, loin d'être mangés, vous mangerez à ma noce.

PIERRE et PAUL, lui sautant au cou.

Ah! quel bonheur!...

JEAN.

Mes bons frères, vous m'étouffez.

PIERRE.

Mais c'est-y vrai, tu épouses la fille du gouverneur?

PAUL.

Elle a un magot, la future?

PIERRE.

Elle l'aura.

JEAN.

Ah! je ne sais pas encore ce qu'elle a, mais tenez, ça va nous le dire. (Il prend l'acte, il lit.) Par-devant, etc., formule de mariage... Les futurs époux, le marquis de Carabas et demoiselle... se pourrait-il?

TOUS.

Quoi donc?...

JEAN.

Et demoiselle Lariradondaine.

LE CHAT.

Voyons.

PIERRE.

Tiens, il a appris à lire, minet? je ne l'ai jamais vu à l'école...

LE CHAT.

Quelle perfidie!...

PAUL.

Qu'est-ce que c'est que demoiselle Lariradondaine? est-ce la fille de Lariradondon?

JEAN.

C'est une vieille fille de soixante ans. Que faire, mon petit minet?... tu passes ta patte sur tes oreilles, il y aura de l'orage.

LE CHAT.

J'y pense; cet anneau destructeur pourrait anéantir ces noms... (Il détruit l'écriture.) Jean, espère encore, mon bon maître... reste ici... reçois toute la société, que j'entends venir, et compte sur ma protection... sur-tout, que personne que moi ne serve le gouverneur à table.

JEAN.

C'est dit. Mais comment veux-tu, mon petit raton, que je présente au gouverneur Flonflon, pour mes frères, ces deux garçons-là qui ont l'air de sortir de leur village, comme deux grands nigauds?

LE CHAT.

Ceci est en mon pouvoir.

(Il les touche, Pierre et Paul sont richement vêtus.)

PIERRE et PAUL.

Ah! mon Dieu!

PIERRE.

Je ne me suis jamais habillé si vite.

PAUL.

Ni si brillamment... J'éclate...

LE CHAT.

On vient; nous touchons au terme de nos travaux.

(Il sort; on entend une musique gaie, sur l'air : Oui, c'en est fait, je me marie.)

ooooooooooooooooooooooooooooooooooooooooooooooooooooooooooooo

SCÈNE XVII.

TOUS, excepté LE CHAT.

LARIRADONDAINE, bien richement vêtue.

Oui, c'en est fait, je me marie;
De fille, enfin, je perds le nom;

Bientôt d'une mère chérie
J'aurai le cœur et la raison.

DIAMANTINE, à Jean.

Que dit-elle?

JEAN.

Elle dit... Elle divague.

LE GOUVERNEUR.

Quels sont, mon beau-frère!...

DIAMANTINE et JEAN.

Son beau-frère!...

LE GOUVERNEUR.

Quels sont ces nouveaux seigneurs?

JEAN, à ses frères.

Répondez si vous pouvez... moi, j'ai perdu
l'esprit, répondez comme je répondrais.

PIERRE.

Air: La flon-flon, flon-flon.

Nous venons, hors d'haleine,
Pour voir notre frère fêter
Les charmes d'une reine,
Et puis pour vous chanter,
Grand Flonflon,
Lariradondaine,
Grand Flonflon,
Not' petit' chanson.

LE GOUVERNEUR, à part.

Ces seigneurs paraissent tout ronds.

LARIRADONDAINE.

Je les trouve élancés.

PAUL.

Même air.

Quand le plaisir entraîne,
Dame! on n' peut pas dir' non;
Pierre, Paul, ont dans la plaine
Laissé l' moulin, l'ânon,
Pour Flonflon,
Lariradoudaine,
Pour Flonflon
Qu'a l'air d'un luron.

JEAN, bas à ses frères.

Votre moulin, votre ânon; vous parlez comme
des imbéciles.

PIERRE.

Ne nous as-tu pas dit de parler comme toi?

(Une table servie monte derrière.)

LARIRADONDAINE.

Ah! mon Dieu! quelle magnificence!

LE GOUVERNEUR.

Ah! marquis!...

JEAN.

Mettez-vous à table, mangez... moi, je n'ai
pas faim.

DIAMANTINE.

Ni moi.

LE GOUVERNEUR.

Air: Allons-nous-en, gens de la noce.

Allons, mettons-nous tous à table;
Que le vin coulant à grands flots,
Fasse éclore saillie aimable,
Les épigrammes, les bons mots,
Discours galant, joyeux propos,

TOUS.

Allons, mettons-nous tous à table,
Et que le vin coule à grands flots.

SCÈNE XVIII.

LES MÊMES, UN NOTAIRE, LE CHAT.

(Le chat a une serviette sur l'épaule, et sert le gouver
neur; Jean et Diamantine ont les yeux sur lui.)

LE CHAT, bas à Diamantine et à Jean.

Bon espoir.

LE GOUVERNEUR, mangeant.

Marquis, vous ne m'aviez pas parlé de vos
deux frères?

JEAN, distrait.

C'est que je ne m'en souvenais plus.

LARIRADONDAINE.

Il est toujours plaisant, ce petit marquis.

LE GOUVERNEUR.

A boire.

LE CHAT.

Gouverneur, permettez que je vous serve.

LE GOUVERNEUR.

Volontiers.

(Pendant le couplet suivant, le chat examine le papier que
le gouverneur a auprès de lui.)

LE GOUVERNEUR.

Air de la ronde de la Ferme et le Château.

Mais c'est vraiment une merveille,
Avoir un chat pour échanson!
Sa griffe serre la bouteille
Autant qu'un buveur de renom. (bis.)
Je crois qu'il faut que je le flatte
Par quelque façon délicate;
Verse donc, jeune Hébé, verse donc,
Sur mon verre penche ta patte;
Verse donc, mon Hébé, verse donc,
Dans mon verre vide un flacon.

(Le chat lui sert à boire.)

TOUS.

Verse donc, etc.

LARIRADONDAINE.

Il est l'ami de ce que j'aime,
Il va donc devenir le mien,
Et je lui donne à l'instant même
Chez moi la place de mon chien. (bis.)
Comme sa patte est arrondie!
De sa grâce je suis ravie...
Verse donc, chère Hébé, verse donc;
Oui, ton vin est de l'ambroisie;
Verse donc, chère Hébé, verse donc,
L'amour est au fond du flacon.

(Pendant le second couplet, le chat a substitué un papier
à celui qu'il a enlevé.)

TOUS.

Verse donc, chère Hébé, etc.

LE CHAT, bas à Jean et à Diamantine.

C'est fini.

JEAN, électrisé.

Après nous deux, tu régneras ici.

LE GOUVERNEUR, à Diamantine.

Tu ne chantes pas?...

DIAMANTINE.

Si fait, mon père.

Pendant que Bacchus se réveille,
Souvent la prudence s'endort;
Quand l'ivresse est dans la bouteille,
C'est qu'avant la raison en sort.
Tel qui dans un joyeux délire,
Rit beaucoup, donne ensuite à rire;
Verse donc, mon Hébé, verse donc,
Du vin je reconnais l'empire;
Verse donc, mon Hébé, verse donc,
Car je dois tout à ce flacon.

(Lariradondaine est étonnée de la joie de Diamantine.)

LE GOUVERNEUR.

Bien, ma fille.

TOUS.

Verse donc, etc.

LE GOUVERNEUR.

Maintenant, pour rendre la joie plus complète et servir l'impatience, la juste impatience du marquis, lisons le contrat de mariage.

LE CHAT, bas à Diamantine et à Jean.

Adieu, mes amis, votre bonheur est assuré, vous ne me verrez plus.

DIAMANTINE et JEAN.

Comment!...

LE CHAT, s'éloignant.

Chut!

(Il sort.)

LE GOUVERNEUR.

Lisez, notaire.

LE NOTAIRE.

Par-devant l'Inutile, notaire de l'île Joyeuse... C'est moi, messieurs, qui suis l'Inutile... Sont comparus Jean-Nicolas, marquis de Carabas, haut et puissant seigneur, et demoiselle Lucette Diamantine...

TOUS, et sur-tout Lariradondaine.

Diamantine!

JEAN, saisissant le contrat.

Oui, voilà ma femme... vous avez cru me mettre dedans...

LE GOUVERNEUR.

Vous avez osé me jouer!

JEAN.

Non, c'est le chat.

LE CHAT, derrière le théâtre.

Oui, c'est moi.

TOUS.

Le chat!

(Le chat paraît au fond sur un piédestal.)

LE CHAT.

Une puissance surnaturelle a tout fait... cette puissance, reconnais-la...

(Le chat change et paraît en Amour. Le théâtre représente un jardin.)

LE GOUVERNEUR, à Lariradondaine.

Ma sœur, puisque l'Amour s'en mêle, ça ne vous regarde plus.

LARIRADONDAINE, voyant l'Amour.

Perfide Amour! Je ne pourrai donc attraper un seul de tes traits!

L'AMOUR.

La vieillesse est un bouclier contre lequel ils se brisent.

LE GOUVERNEUR.

Savez-vous que c'est très juste, ce qu'il dit là, ma sœur?

LARIRADONDAINE.

Mais savez-vous que ce n'est pas très honnête?

PIERRE.

Mon frère, tu vas te marier, je te fais mon compliment de condoléance...

PAUL.

Je te souhaite le bonheur de tous les maris.

JEAN.

Ils m'en veulent toujours.

LE GOUVERNEUR.

Embrassez-moi, mes enfants, vous serez unis aujourd'hui même... et chantons jusqu'à demain matin.

JEAN.

Ah! jusqu'à ce soir... Enfin, me voilà riche, mari, et marquis de Carabas.

VAUDEVILLE.

AIR : Amusez-vous, trémoussez-vous.

TURLURETTE.

De Jean la fortune subite
Ne surprend en rien,
Puisqu'il fut protégé si bien.
Est-il seul qui doive son bien
Et ses grandeurs
Aux protecteurs?...
Bien d'autres que lui
Ont d'autre appui
Que leur mérite;
On voit ici-bas
Bien des marquis de Carabas.

LARIRADONDAINE.

Voyez ce fat que tout enflamme;
Il se dit l'amant
De plus d'un tendron séduisant;
Mais, quoiqu'il soit entreprenant,
Tendre et galant,
Vif et bouillant,
En fait de retour,
En fait d'amour,
En fait de femme,
Chacun dit tout bas :
C'est un marquis de Carabas.

PIERRE.

Voyez c' pauvre rich' qui s'empresse
D' donner des concerts
Et des dîners de cent couverts;
Quoiqu'il se donne de grands airs,
Ses p'tits travers
Sont découverts;
En fait de renom,
En fait d' bon ton
Et de richesse,
Chacun dit tout bas :
C'est un marquis de Carabas.

PAUL.

Voyez , c' faux brav' croit qu'on l'outrage :
    Pour se battre y r'joint
Son homme dans un petit coin ;
Mais quoique c' bretteur ait grand soin
        Qu' plus d'un témoin
        Le prôn' de loin,
    En fait d' point d'honneur,
        En fait d' valeur,
    En fait d' courage,
    Chacun dit tout bas :
C'est un marquis de Carabas.

FLONFLON.

Voyez cet auteur que rien n' lasse,
    Il a ses prôneurs
Pour enjoler ses spectateurs ;
Mais, malgré ses succès flatteurs,
        En le voyant,
        En l'écoutant,
    En fait de talent,
Eu fait d'esprit, en fait de grace,
    Chacun dit tout bas :
C'est un marquis de Carabas.

DIAMANTINE.

Voyez c' bavard plein d' suffisance,
    Grand innovateur,
Qui met, faisant le beau parleur,
Des S pour des T par erreur.
        Dans ses discours

Rien moins que courts ;
    Aussi tous les jours,
En fait de style et d'éloquence ,
    Chacun dit tout bas :
C'est un marquis de Carabas.

JEAN.

Voyez cette prude, ell' s'offense
    D'un mot impromptu
Qui fait tressaillir sa vertu ;
Mais en cachette elle a reçu
        Bien des serments ,
        Bien des amants.
    En fait de candeur,
        En fait d' pudeur
    Et d'innocence ,
    Chacun dit tout bas :
C'est un' marquis' de Carabas.

LE CHAT , en Amour, au public.

Grace à mon magique langage ,
    Mon jeune marquis
A reçu des biens infinis ;
Il a des terres d'un grand prix ,
    De l'or, des bijoux ;
    Mais, quant à nous,
    Messieurs, nous serons,
        Si nous avons
        Votre suffrage,
    Plus fiers , en ce cas,
Que le marquis de Carabas.

FIN DU MARQUIS DE CARABAS.

PARIS. — IMPRIMERIE NORMALE DE JULES DIDOT L'AINÉ,
n° 4 , boulevart d'Enfer.

www.ingramcontent.com/pod-product-compliance
Lightning Source LLC
LaVergne TN
LVHW051340200726
843510LV00002B/734